Jack and Zak アクティビティブック できたね！シール

できたね！ できたね！ できたね！ できたね！

できたね！ できたね！ できたね！ できたね！

できたね！ できたね！ できたね！ できたね！

できたね！ できたね！

よびシール

じぶんのすきな
できたね！シールを
つくろう

Jack and Zak

アクティビティブック

● Activity Book ●

Written by
Patricia Daly Oe
Mari Nakamura

はじめに

同じ部屋をシェアしていた仲良し兄弟のジャックとザック。ある日、兄弟げんかをしてしまいました。部屋もおもちゃも別々に分けていた兄弟は、はたして仲直りできるでしょうか？ 楽しいストーリーと一緒に、yours と mine の単語も身につけます。おもちゃを分けたり、探したり、見つけたり、後片付けしたりするたくさんの面白いアクティビティを通して、英語の語彙を増やし、自己表現力も伸ばしましょう。

Jack and Zak share a room. The brothers have a big fight one day and divide their room and toys. Children can relate to the funny scenes in the book and learn the use of expressions including "yours" and "mine." The brothers finally make friends again. Children can widen their vocabulary and practice self-expression through many fun activities, such as dividing, searching for, finding, and even cleaning up toys.

もくじ Table of contents

アクティビティブックについて

このアクティビティブックは
絵本 Jack and Zak（別売り）に対応しています。
アクティブ・ラーニングの概念に沿った「学ぶ」「考える」「創作する」「遊ぶ」の
4つのカテゴリーで英語力と思考力、クリエイティビティ、協調性を育みます。

This activity book is based on the picture book "Jack and Zak".
The activities in the four active learning categories of "learning", "thinking", "creating" and "playing" foster
abilities in English language, thinking, creativity and collaboration through observation, word puzzles,
chants, stickers, simple crafts and games.

ことばをまなぼう
Let's Learn

絵本に出てくる単語や関連する新しいことば
をチャンツ、シール貼り、線結びなどを通し
て学びます。ここで楽しく身につけた語彙力
が次からの活動の基礎となります。

かんがえよう
Let's Think

仲間分けや身近な場所、身の回りを観察す
るアクティビティを通して思考力を養います。
答えが決まっていない活動は、子どもの自主
性や自由な発想も養います。

つくろう
Let's Create

色塗りやシンプルな工作に取り組み、出来上
がったものを英語で表現します。その過程で
子どもは、創意工夫する喜びや表現する楽
しさを経験し、創造力を身につけていきます。

あそぼう
Let's Play

ごっこあそびやボードゲームを通して、想像力
や協調性を養います。また、これまでに習っ
た英語を遊びを通して使うことにより「英語
ができる！」という自信を育みます。

アクティビティブックの効果的な使い方

1 まず、対応の絵本、DVDでストーリーを楽しみましょう。そのあとにこのアクティビティ
ブックに取り組むと、学習効果がアップします。

2 アクティビティは、一度にたくさん進めるよりも、少しずつ楽しみながら取り組んでいきま
しょう。上手にできたら できたね！シール を貼って、ほめてあげましょう。

3 このアクティビティブックの4〜5ページ、10〜11ページのチャンツは動画で楽しんで、繰り返
し聞いて英語の音やリズムを体で覚えていきましょう。

指導者の方へ ....

教室では、一人一人の個性的な表現を尊重し、違い
を認め合う雰囲気で活動を進めましょう。生徒が絵や
作品について日本語で話した時は、それを英語に直
して語りかけたり、その英語をリピートするように促
したりして、英語を話せるように導きます。

保護者の方へ ....

絵本の世界を味わいながら、ゆったりとした気分で進
めていきましょう。この本には、子どもの自由な表現
を促す、答えが決まっていない活動も多く含まれて
います。取り組みのヒントを参考に、子どもと一
緒に伸び伸びと英語の探索を楽しみましょう。

えじてん
Picture dictionary

チャンツのリズムにのって、たんごをいいましょう。
Chant the words.

えじてんのえカード（p.27-29）であそびましょう。
Play with the picture cards on pages twenty-seven to twenty-nine.

スマートフォンをかざして
チャンツをききましょう
Listen to the chant with a smart phone.

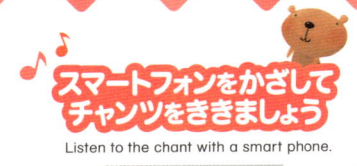

できたね！
シール
sticker

1 name

2 brother

3 mine

4 yours

5 side

6 draw

7 line

4

8 robot

9 ear

10 toe

11 eyes

12 cry

13 hear

14 mom

15 dad

16 sleep

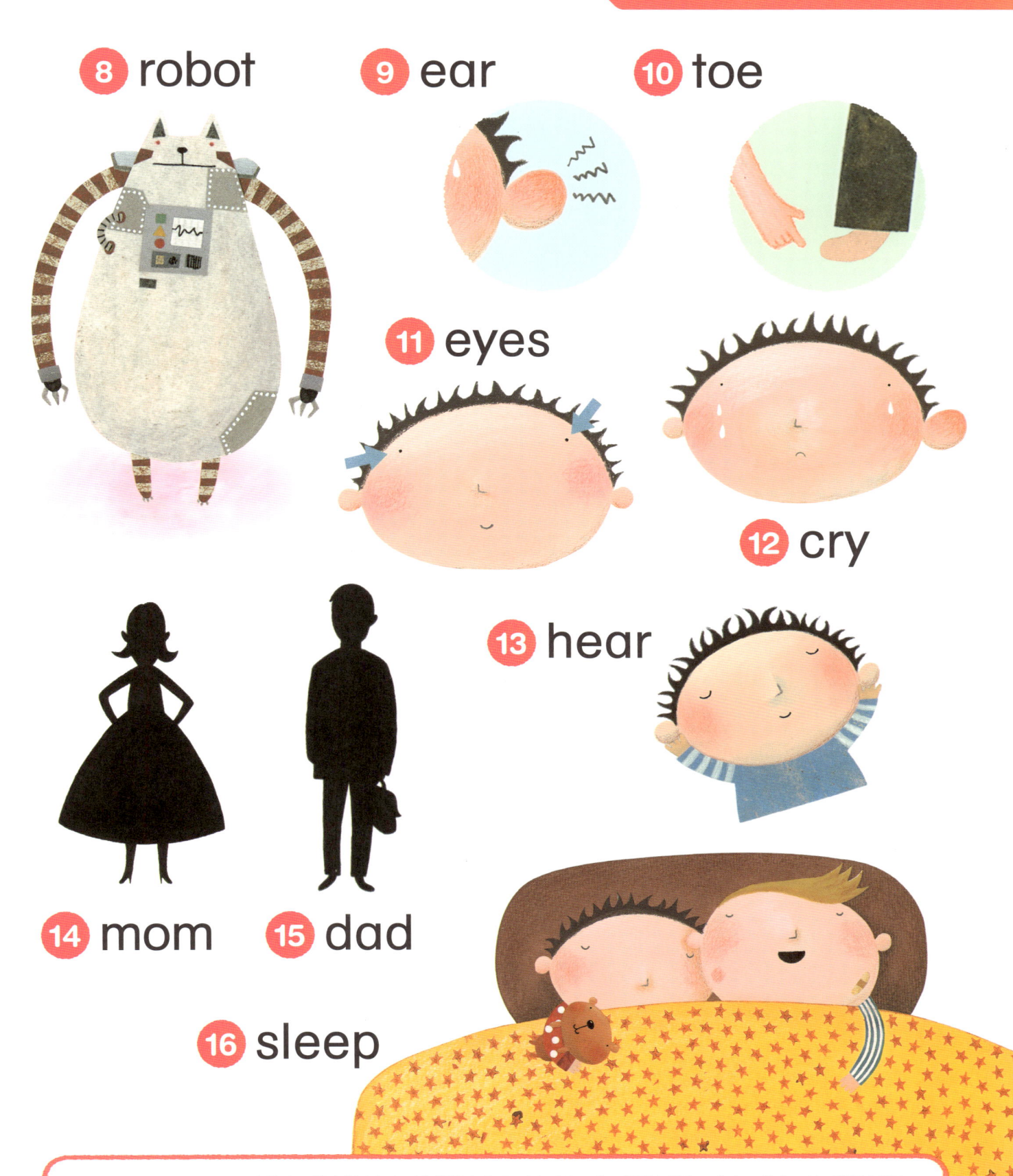

シールをはろう
Fun with stickers

みえているえがなにかかんがえて、シールをはりましょう。
Find and place the stickers.

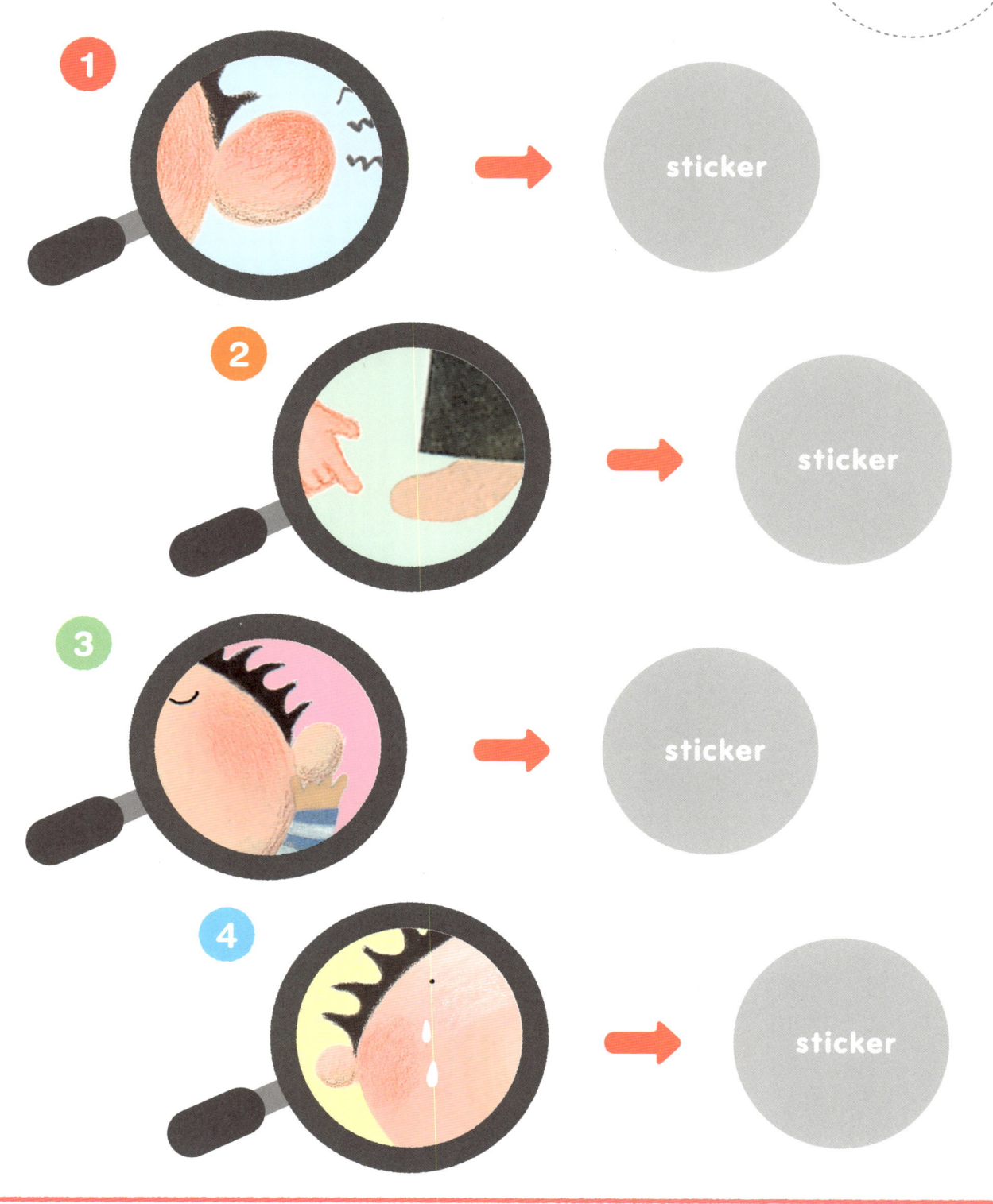

シールを貼る時には、一緒に英語を言ってみましょう。
Say the words together as children put the stickers in place.

さがそう
Search for the pictures

おもちゃはジャックのほう、ザックのほう
どっちにあるかな？　えほんでさがして、えをかきましょう。
What's on Jack's side?　What's on Zak's side?　Find and draw the pictures.

どっちにあるかな？

取り組み
のヒント
Learning Tips

train、soccer ball、car、sticks、top、blocks のおもちゃを描きながら、一緒に言いましょう。

Find Jack's toys and Zak's toys in the picture book. Then draw the toys (train, soccer ball, car, sticks, top, and blocks) and say the words.

なぞろう
Trace letters

えいごをいってなぞりましょう。
Say the words and trace.

----------  なぞる

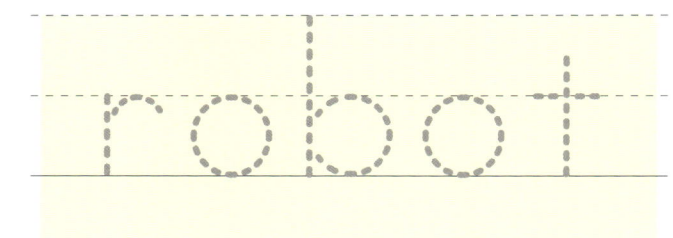

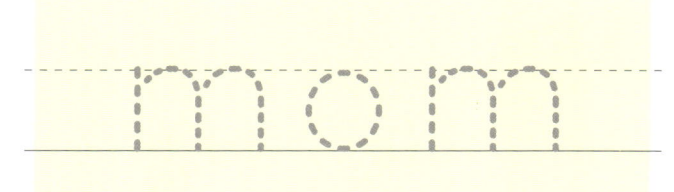

取り組み
のヒント
Learning Tips

なぞる前となぞった後に、英語を言ってみましょう。
Say the words in English before and after tracing them.

せんでむすんでなぞろう
Connect with lines and trace

えとえいごをせんでむすび、もじをなぞりましょう。
Connect the picture with the word and trace.

 ┄┄┄┄┄ 🖍 なぞる

1　　**2**　　**3**　　**4**

   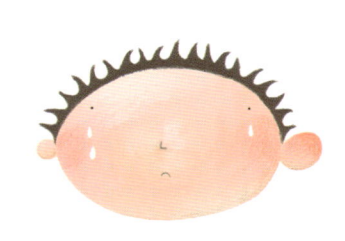

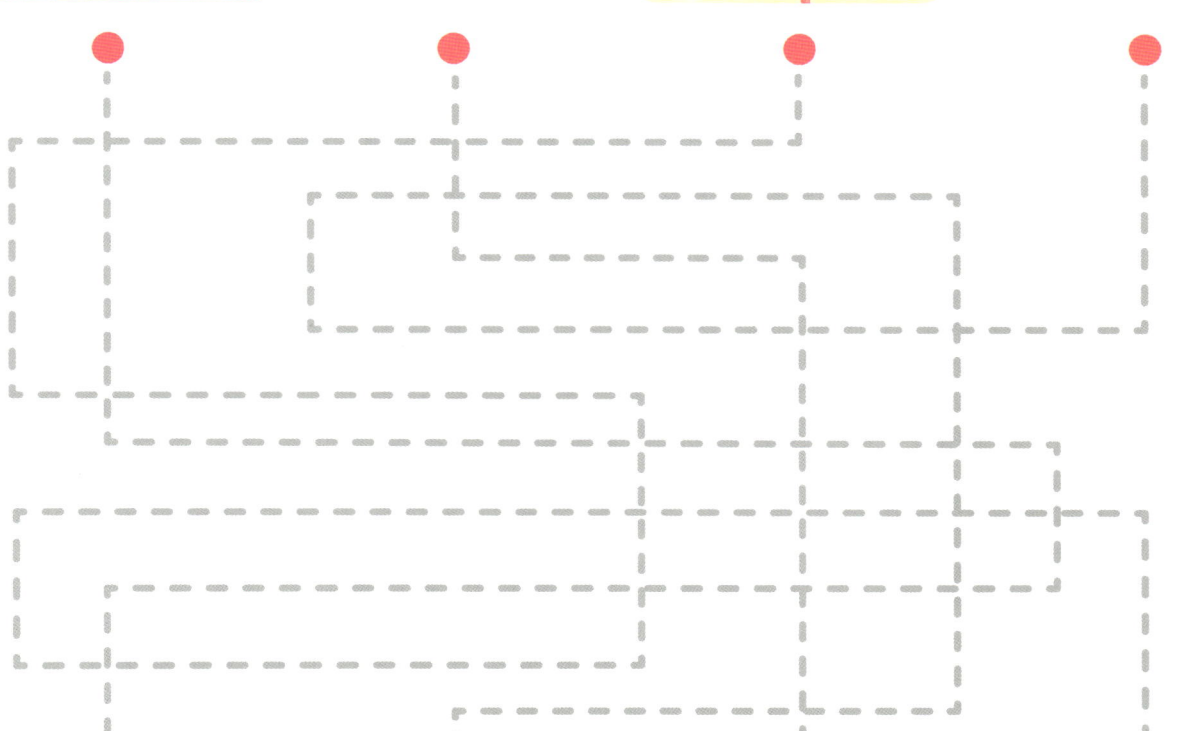

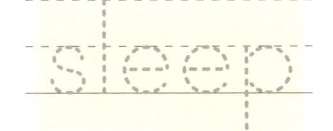 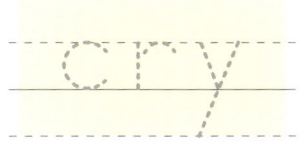 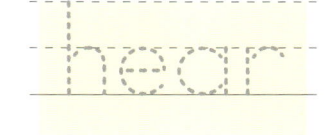 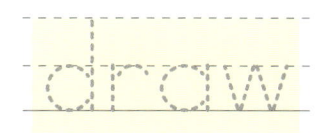

sleep　　cry　　hear　　draw

**取り組み
のヒント**
Learning Tips

英語を読めない子どもには、読んであげましょう。
Please read the words to children who cannot read.

あたらしいことばを おぼえよう
Learn more words

あたらしい ことばの スマートフォンをかざして チャンツをききましょう Listen to the chant with a smart phone.

できたね! シール sticker

ほかにどんなことばがあるかな？
シールをはって、えカード（p.27-31）であそびましょう。
Find and place the stickers. Play a game with the picture cards on pages twenty-seven to thirty-one.

1

brother   **sister**    **friend**

2

mom   **singer**   **doctor**

3

dad   **train driver**   **police officer**

4

robot　　　　top　　　　shark

5

  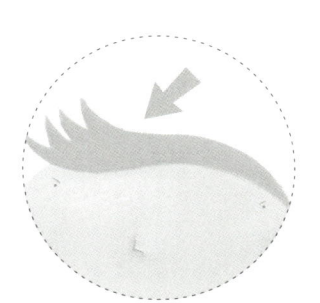

ear　　　　nose　　　　hair

6

sleep　　　　play　　　　eat

取り組み
のヒント
Learning Tips

絵本に出てこない身近なことばを練習してみましょう。それぞれどんな仲間でしょうか。新しい単語はチャンツで聴くことができます。27〜31ページに絵カードがありますので、一人が単語を言って、もう一人がカードを取るような遊びをしてみましょう。

Let's practice some other words related to the words in the story. How are they connected? You can listen to the chants for pronunciation. You can use the picture cards on pages 27 to 31 to play a simple game where one person says a word and the other person finds the matching card.

なにかな？

Bにくろ、Yにきいろ、Blにあお、Gにはいいろをぬりましょう。
なにのえがでてくるかな？ したのヒントのことばをみて、
なにがかくれているかさがして、たんごをかんせいさせましょう。
B=black　Y=yellow　Bl=blue　G=gray
What are the pictures?　Choose two of the words from the Hints and write the letters.

できたね！
シール
sticker

B=black　Y=yellow　Bl=blue　G=gray

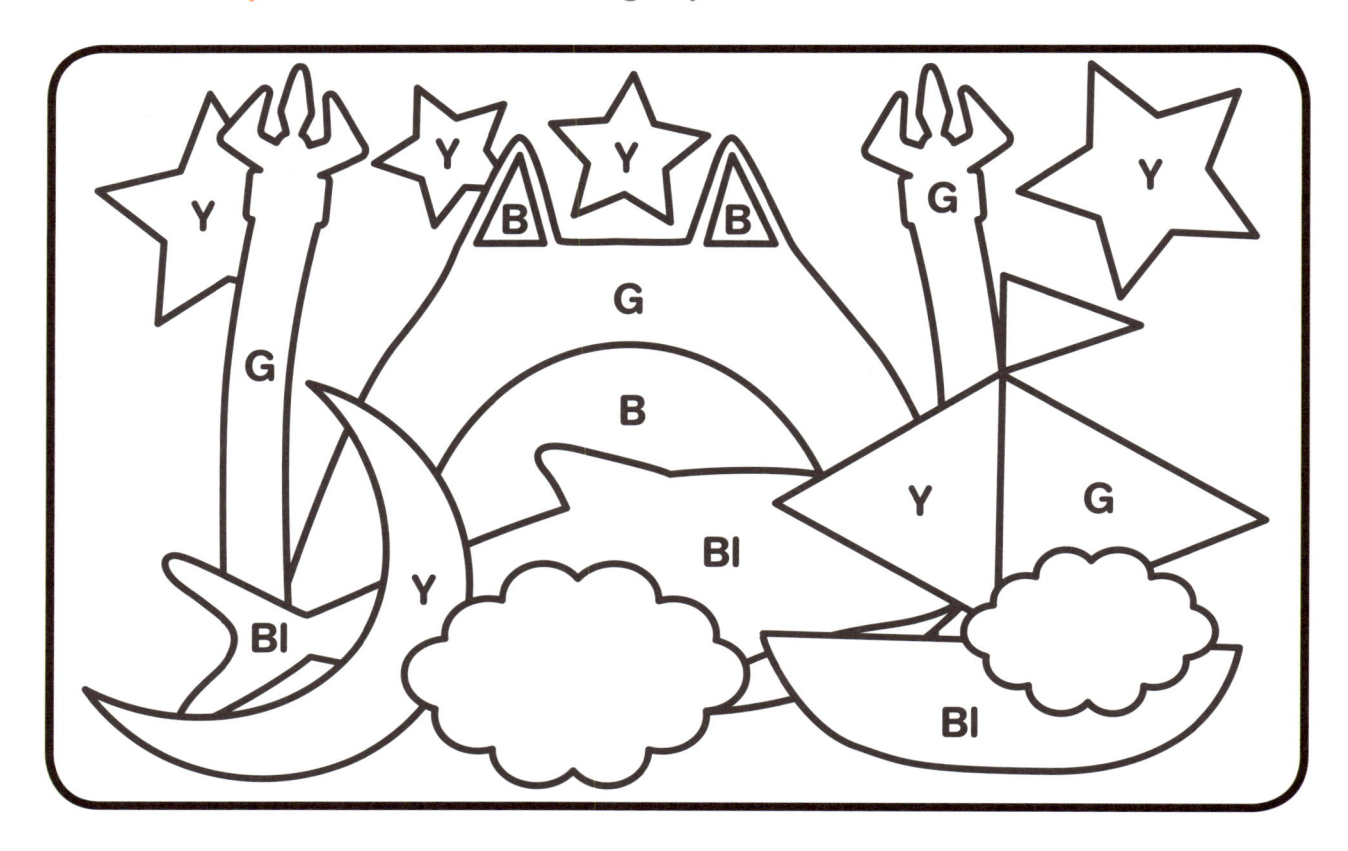

____ ____ ark　　r ____ o ____

Hints　robot　top　shark　hair　nose

　取り組み
のヒント
Learning Tips　指示通りに色を塗ると、下のヒントの単語のうち、2つの絵が出てきます。絵が出てきたら、ヒントを参考に単語を完成させ、言ってみましょう。

When the parts of the picture are colored in as indicated, some pictures are revealed. Choose the words for two of the pictures from the Hints. Say what they are together. Write the letters.

めいろにチャレンジ
Have fun with a maze

ジャックとザックがおもちゃをさがしているよ。
おもちゃのところまで せんをひいて、てつだってあげましょう。
Help Jack and Zak find their toys.

でき たね！
シール
sticker

 取り組み
のヒント
Learning Tips

迷路に慣れていない場合は、まず指でなぞってから、線を描くように声かけをしましょう。car、blocks、soccer ball、top などのおもちゃも英語で言えるか、試してみましょう。

Children who are not used to mazes should track the way with their finger first. After that, tell them to draw the line. Encourage them to say the words in English for the pictures at the end of the maze - car, blocks, soccer ball. top, and so on.

わけてみよう

えをゆびさしてえいごをいってみましょう。
Point and say the words.

からだのぶぶんのことばとしょくぎょうのことばにわけて、
みぎのページにえをかきましょう。
そして、しょうらいなにになりたいか、えをかきましょう。
Draw pictures of parts of the body and jobs on the next page.
Then draw a picture of what job you want to do in the future.

doctor

ear

train driver

toe

singer

eyes

police officer

hair

nose

● からだのぶぶん
Parts of the body

● しょくぎょう
Jobs

● なにになりたい？
What do you want to be?

**取り組み
のヒント**
Learning Tips

将来何になりたいのか考えて、I want to be a singer/ a police officer/ a train driver/ a doctor. などと
言えるといいですね。そのあと、将来の夢の絵を描いてもらいましょう。

Have children think about what job they want to do in the future. It is even better if they can say
"I want to be a singer/ a police officer/ a train driver/ a doctor." After that, let them draw a picture of
their dreams for the future.

おもいうかべよう
Imagine

イヌとネコがおなじへやにすんでいるよ。イヌがせんをひいたよ。
イヌとネコのすきなものをかんがえて、えをかきましょう。

Imagine that a cat and a dog have a room together. The dog draws a line.
What do you think is on the dog's side? What is on the cat's side?
Some ideas are given below.
Use your own imagination and draw some pictures.

 **取り組み のヒント** Learning Tips

知識と想像力をはたらかせて絵を描きます。犬、猫はそれぞれ何が好きでしょうか。一緒に話し合って、考えたものを英語で言ってみましょう。

This is a knowledge-based activity to draw a picture using the imagination. What kinds of things do cats and dogs like? Talk about these things together and see if children can say the words in English.

ぬりえをしよう
Enjoy coloring

すきないろでぬりましょう。
Color the picture.

**取り組み
のヒント**
Learning Tips

色を塗ったら、英語で言えるものを一緒に探して言ってみましょう。
After children have colored in the picture. search for words together that they can say in English.

17

つくろう
Create your own picture

おもしろいかおをつくろう。
みぎのページにあるかおのパーツやかみのけ、ぼうしなどを
きってはりましょう。
Make the face by choosing the items from the next page.
Cut and paste.

できたね!
シール
sticker

 **取り組み
のヒント**
Learning Tips

19ページの絵を切り離して、このページに並べて貼って、顔を作りましょう。出来上がったら英語で顔の部分、例えば brown hair、blue eyes、nose、eyebrows、round ears などと言ってみましょう。

After cutting out the items on page 19. have children choose the items and stick them on this page to make a face. After it is finished. they can try to say the words for the features. such as "brown hair. blue eyes. nose. eyebrows. round ears."

8 cut きる

ごっこあそびをしよう
Role-playing

えをみて、きょうだいのなまえをきめてから＿＿＿＿＿にかきましょう。
そのあと、かいわをいってみましょう。
Look at the pictures and decide on names for the brothers and sisters.
Then write the names and practice the conversations.

できたね！
シール
sticker

My name is ＿＿＿＿＿.

My name is ＿＿＿＿＿.

We get on great!

My name is ＿＿＿＿＿.

My name is ＿＿＿＿＿.

We don't get on great!

取り組み
のヒント
Learning Tips

応用として、おもちゃ、ぬいぐるみを使って、同様の会話を練習してみましょう。
名前を書くのが難しい時は、一緒に考えて書きましょう。

Practice the same kinds of conversations by using toys or stuffed animals.
Think of how to spell the name together with the child, if necessary.

ボードゲームをしよう

Jack といっしょにおもちゃをおかたづけするゲームです。

・ぜんぶのおもちゃのカードをおもちゃおきば
　におきます。

・じぶんのおもちゃのカードをおくいれものを
　4つのなかからえらんでください。

・じゅんばんにサイコロをふって、`1` `2` `3`
　がでたら、そのまいすうぶんのおもちゃのカー
　ドをおもちゃおきばからとり、 じぶんのおも
　ちゃいれにいれます。 1まいいれるごとに
　"It's mine." といいましょう。

・ がでたら、おもちゃのカードをおもちゃおきば
　から1まいとって "It's yours." といって、Jack
　のおもちゃばこにいれてあげましょう。

・おもちゃおきばのおもちゃのカードがぜんぶ
　なくなったとき、おもちゃのカードをいちばん
　たくさんもっているひとがかちです！

play
おもちゃ

Jack

4にんまであそべます
25ページのカード、サイコロをつかいます。
Use the pieces on page 25.

space
おきば

- Put all the toy cards in the play space.
- Each player chooses one of the containers - closet, basket, bag, or bin - that their toys will go in (but not Jack's toy container).
- Take turns to roll the dice. If you get number 1, say "It's mine!" and take one toy from the play space and put it in your container. If you get 2, take two toys, if you get 3, take three.
- If you get the picture of Jack, say "It's yours!" and put one of the toys from the play space in Jack's toy container.
- When all of the toy cards in the play space have gone, players count the number of toy cards in their container and the one with the most cards is the winner.

●著者紹介

Patricia Daly Oe（大江パトリシア）

イギリス、ケント州出身。日本の英語教育に従事するかたわら、数多くの紙芝居と絵本を創作。著書に『Peter the Lonely Pineapple』『Blue Mouse, Yellow Mouse』『Lily and the Moon』などがある。英会話を教えていて、英語の先生のためのワークショップを開催しながら、ナレーションの活動や子供のイベントなどもしている。

Patricia Daly Oe is a British picture book author and teacher who also enjoys giving presentations. and holding events for children.

公式ホームページ● http://www.patricia-oe.com

中村 麻里

金沢市にて英会話教室イングリッシュ・スクエアを主宰。幼児から高校生の英語指導にあたるかたわら英語教材、絵本の執筆、全国での講演にたずさわり、主体性や表現力など21世紀型スキルを伸ばす指導法の普及につとめている。イギリス・アストン大学TEYL（Teaching English to Young Learners）学科修士課程修了。2013年 JALT学会 Best of JALT（ベスト・プレゼンター賞）受賞。

Mari Nakamura is a school owner. teacher trainer and ELT materials writer who loves good stories and playing with children.

公式ホームページ● http://www.crossroad.jp/es/

Jack and Zak
アクティビティブック

発行日 2017年9月27日 初版第1刷
2023年1月20日 第二版第1刷

執　筆	Patricia Daly Oe / Mari Nakamura
イラスト	松岡 芽衣
デザイン	柿沼 みさと、島田 絵里子
協　力	mpi English School 本部校
英文校正	Glenn McDougall
編　集	株式会社 カルチャー・プロ
音　楽	株式会社 Jailhouse Music
プロデュース	橋本 寛
録　音	株式会社 パワーハウス
ナレーション	Rumiko Varnes
印　刷	シナノ印刷株式会社
発　行	株式会社 mpi 松香フォニックス
	〒 151-0053
	東京都渋谷区代々木 2-16-2 第二甲田ビル2F
	fax 03-5302-1652
	URL https://www.mpi-j.co.jp

● カード cards

- - - - - ✂ cut きる
　　　　　 glue はる
　　　　　 fold やまおり

● サイコロ
dice

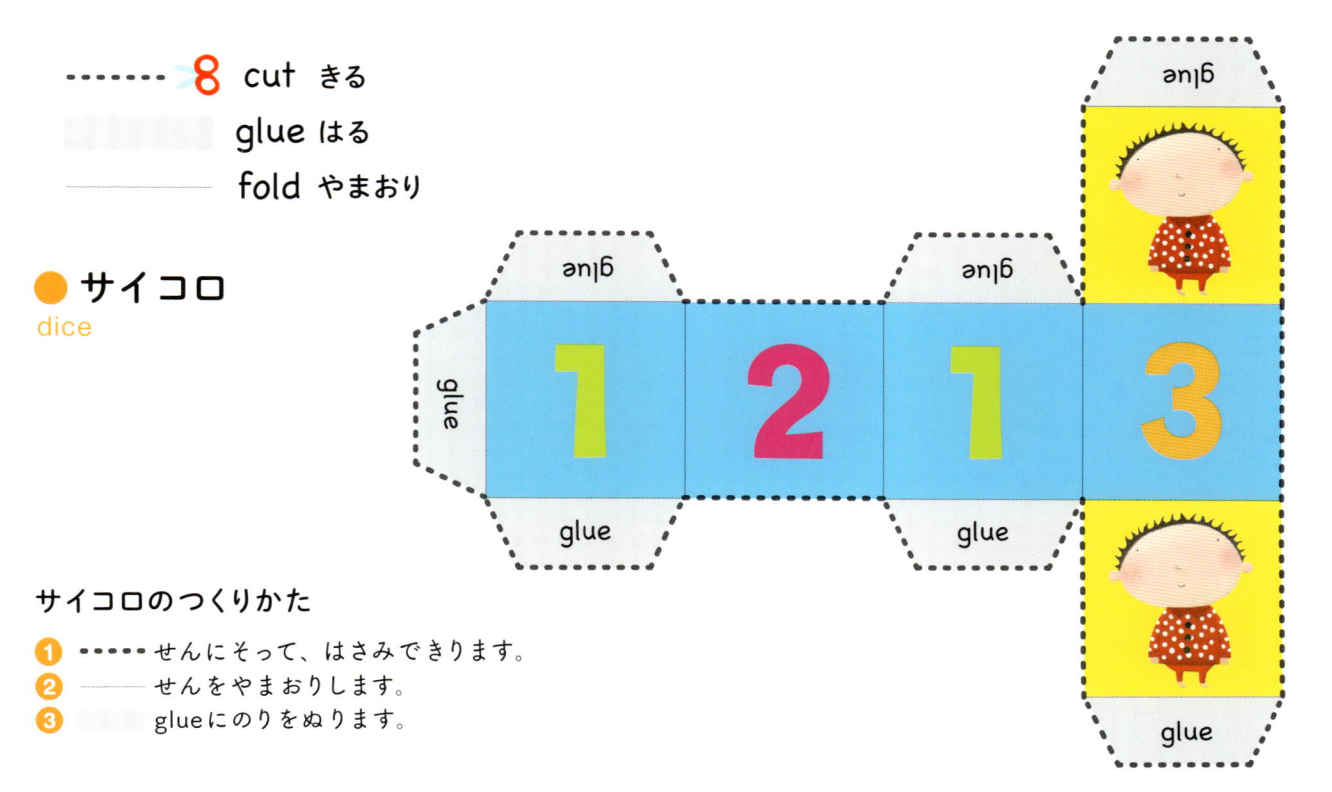

サイコロのつくりかた

1 ・・・・・ せんにそって、はさみできります。
2 ──── せんをやまおりします。
3 　　　 glueにのりをぬります。

25

toe	eyes	cry
hear	mom	dad
sleep	sister	friend
singer	doctor	train driver

police officer

top

shark

nose

hair

play

eat